NOTICE BIOGRAPHIQUE

SUR

M. NELL DE BRÉAUTÉ,

Correspondant de l'Institut (Académie des Sciences), Conseiller général de la Seine-Inférieure, Président du Comice agricole de l'arrondissement de Dieppe, etc.,

Par M. l'Abbé COCHET,

INSPECTEUR DES MONUMENTS HISTORIQUES DE LA SEINE-INFÉRIEURE,

Correspondant des Ministères d'État et de l'Instruction publique, du Muséum d'Histoire naturelle de Paris ;
Des Sociétés des Antiquaires de France, de Normandie, de Picardie, de Morinie, de Londres, du Sussex, du Wurtemberg, de Mayence, de Luxembourg, de Zurich, de Liège, de Dijon, de Sens, de Châlon, de Dunkerque, d'Abbeville, de Moulins, de Cherbourg, du Havre, etc.

« Bonus homo de bono thesauro cordis sui profert bonum. »
(Luc, C. VI, V. 45).

DIEPPE,
Imprimerie d'Émile DELEVOYE, rue Duquesne, 3.

1855.

NOTICE

SUR M. DE BRÉAUTÉ.

Nous entreprenons aujourd'hui une tâche qui est au-dessus de nos forces ; car, étranger aux sciences physiques, nous avons à parler d'un homme qui fut distingué dans l'astronomie, la météorologie et la géographie. Le nom de M. de Bréauté se rattache à l'histoire de la science moderne, au moins pour le temps de la Restauration. D'autres se chargeront de retracer ce tableau : nous nous contenterons aujourd'hui d'une faible esquisse que nous présentons comme le gage de notre sincère amitié ; car, si notre incompétence scientifique est grande, notre affection personnelle est plus forte encore, et elle l'emporte chez nous sur toute autre considération.

Nous n'essaierons point ici de peindre l'homme de bien, le fonctionnaire honorable, le riche charitable et dévoué, l'ami sincère et généreux ; toutes les qualités domestiques et sociales de M. de Bréauté sont trop connues parmi nous pour avoir besoin d'être révélées. Son souvenir est dans toutes les âmes et sa mémoire vivra long-temps dans tous les cœurs. Ce que nous voulons faire connaître à ses compatriotes, qui n'ont pas toujours été à même de l'apprécier sous ce rapport, ce sont ses goûts, ses travaux et ses relations scientifiques. Ce que nous voulons montrer c'est la culture de son intelligence qui, après avoir fait le bonheur de sa vie, est à présent l'honneur de sa famille et l'héritage de son pays.

Éléonore-Suzanne-Nell Suzanne de Bréauté naquit à Rouen, le 29 juin 1794. Il fut l'unique fils de Jean Suzanne de Bréauté et de Marie-Françoise-Éléonore-Josèphe Letellier. Sa famille paternelle, originaire de Dieppe ou des environs, est à présent ancienne de près de trois siècles. Comme la plupart des maisons titrées de l'arrondissement de Dieppe, la famille Suzanne de Bréauté reçut ses lettres de noblesse le lendemain de la bataille d'Arques, de la main même de Henri IV, et comme une récompense des services rendus au père des Bourbons. M. Nell de Bréauté conservait avec un soin pieux cette magnifique patente signée de la main même du plus brave de nos rois, de ce vaillant prince dont notre pays est fier de montrer la trace glorieuse de chacun de ses pas. A coup sûr, il est aujourd'hui dans nos contrées peu de noblesse plus ancienne et plus honorable que celle-ci. Elle a été puisée à sa vraie source, sur le champ de bataille. La noblesse française est née du fer, disait Châteaubriand, qui se connaissait en gentilhommerie.

Son enfance et sa jeunesse, comme sa vie tout entière, s'écoulèrent à l'ombre des hêtres séculaires du manoir de La Chapelle. Malheureusement son père, en vrai gentilhomme provincial qui n'avait jamais quitté la maison de ses ancêtres, voulut que son fils restât casanier comme lui, et d'une volonté déterminée, qui ne fléchit jamais, il lui ferma toute carrière, lui interdit toute fonction dont l'exercice l'eût obligé à franchir le seuil du château.

Le jeune Nell cependant conçut de très-bonne heure un vif désir de servir, dans l'art de la guerre, cet État qu'il servit si bien depuis dans les arts de la paix. « Après la campagne d'Autriche, en 1809, écrit-il lui-même, je voulus apprendre les armes. Pour cet effet, je fis venir pendant trois années, de Dieppe à La Chapelle, un vieux soldat, un vrai maître d'armes, qui me donnait des leçons d'escrime. J'étais alors fou du service militaire, et je désirais à tout prix la gloire des batailles ; mais mon père s'y opposa constamment. »

Dans ce désir de M. de Bréauté, il est aisé de reconnaître l'influence de ces lauriers du premier Empire qui empêchaient alors tant de Français de dormir. Plus tard, notre jeune Normand pourra utiliser son zèle dans des carrières plus pacifiques et non moins utiles ; mais constatons dès ce moment les obstacles que son père mit toujours au développement de ses facultés et de ses goûts, soit pour la guerre, soit pour la science, soit pour la politique.

Donnons-en tout de suite une nouvelle preuve.

Après la paix de 1815, M. Nell de Bréauté manifesta la pensée de se faire marin-voyageur, afin de satisfaire ce besoin d'activité qui le dévorait. En 1816, son père, pour le dégoûter de la mer, lui permit un voyage en Angleterre ; il passa donc de Dieppe à Brighton. « C'était, dit-il lui-même, mon premier voyage de mer et ce fut une véritable fête pour moi qui nourrissais une passion d'enfance pour le service de l'État. Depuis cette époque, hélas ! je n'ai pas passé un seul jour sans regretter de ne pas être marin. C'est à coup sûr le plus grand sacrifice que j'aie pu faire à mes parents, qui n'ayant qu'un enfant ont voulu le garder avec eux. »

Cependant le moment approchait où son père lui-même allait sentir le besoin d'occuper sérieusement et utilement son fils. Il finissait enfin par comprendre qu'il ne pourrait pas toujours garder ainsi inoccupée cette bouillante ardeur, ni mettre éternellement sous le boisseau cette lumière qui ne demandait pour briller qu'un théâtre digne d'elle.

« Le 29 juin 1811, dit M. de Bréauté, jour de la fête de la paroisse, qui était aussi l'anniversaire de ma naissance, lorsque je prenais ma dix-septième année, mon père me fit cadeau d'un octant et, le 22 août suivant, il m'envoyait à Dieppe acheter un sextant de Heater qui me coûta 6 louis. » Ce furent là ses premiers instruments et c'est avec eux qu'il commença cette série d'observations et d'études que la mort seule devait interrompre. Ils étaient mauvais, mais il les trouvait excellents alors. Plus tard, il s'égayait beaucoup sur le compte de ces premiers instruments de sa jeunesse, et il ajoutait : « Je ne me doutais guères, en prenant des hauteurs de soleil, que l'astronomie deviendrait chez moi une passion aussi longue et aussi constante. » Il commença en même temps à employer les tables horaires de LaLande dans les calculs de l'angle horaire.

Ce que l'on devra le plus admirer dans M. de Bréauté, c'est qu'il s'est fait lui-même et presque tout seul. Isolé, à la campagne, loin des centres et des foyers scientifiques, sans maître et presque sans livres, il est arrivé à devenir un astronome distingué et un membre de l'Institut, ce qui est à coup sûr l'apogée du succès. Cela est rare et presque unique de nos jours. Jusqu'à un certain point, on pourrait dire qu'à sa manière il a créé la science, comme l'histoire le raconte des Mages de la Perse et des bergers de la Chaldée.

Mais laissons-le nous raconter lui-même ses premiers travaux et ses premiers succès. « En 1812, dit-il, je reçus une pendule astronomique de Charles Leroy, que M. Pons, de Saint-Nicolas, me vendit 600 fr.

» Le 2 juin 1818, je reçus un grand baromètre de Constant, avec lequel je commençai cette série d'observations diurnes que j'espère, avec la grâce de Dieu, continuer tant que je vivrai. » Ce qu'il a fait en vérité, car nous savons tous qu'il ne manquait jamais trois ou quatre fois par jour de faire *l'observation.* Ce que personne de nous n'ignore, c'est qu'il avait dressé à cet exercice plusieurs de ses domestiques, et notamment son jardinier nommé Racine, homme simple mais très-intelligent qui devint ainsi l'ami de son maître et son premier préparateur, ou plutôt son véritable coopérateur.

M. Racine s'était parfaitement identifié aux goûts de son patron, et lui-même, dans sa sphère modeste, est devenu, à force de travail, un homme distingué. J'ai souvent entendu raconter que M. de Bréauté l'ayant un jour conduit à Paris et présenté au célèbre Arago, le patriarche de l'astronomie européenne, l'illustre savant français voulut à son tour présenter aux érudits de la capitale, le rare phénomène d'un jardinier-astronome, et presque digne de l'Observatoire.

Muni de ses instruments et des livres qu'il avait pu se procurer, M. de Bréauté se livra désormais dans notre pays à des exercices barométriques et astronomiques. Le 6 avril 1819, il mesura au baromètre la tour de Saint-Jacques et les falaises occidentales de Dieppe. Plus tard, vers 1825, il mesura pour M. Feret celles du *Camp de César*, et les hauteurs de la *Cité de Limes.* L'antiquaire dieppois trouvait ainsi dans deux savants de la contrée, M. de Blainville et M. de Bréauté, d'heureux auxiliaires à ses travaux d'exploration.

Dès 1820, à l'âge de vingt-six ans, M. de Bréauté était déjà connu pour un homme remarquable dans les sciences physiques, et dans son pays il était sans cesse réclamé pour toutes les opérations qui demandaient des lumières et du dévoûment. C'est ainsi qu'au mois de mai 1820 il fut invité par M. Mallet, ingénieur en chef de la Seine-Inférieure, et par M. Drapier, ingénieur ordinaire, à venir à Rouen, afin de seconder ces praticiens habiles dans le travail qu'ils entreprenaient de déterminer l'élévation de la *côte Sainte-Catherine.*

Le 3 septembre de la même année, il passa toute la journée dans le clocher des Grandes-Ventes, en compagnie de M. Peytier, lieutenant au corps royal des ingénieurs-géographes militaires, afin de mesurer avec lui des angles pour les triangles du premier ordre de la grande carte de France. C'était, en effet, l'époque où l'on préparait pour la Seine-Inférieure la belle carte dite du *Dépôt de la guerre,* dont la publication a fait tant d'honneur au gouvernement de Juillet.

En 1825, lorsque le colonel Bonnes et le capitaine Sabine se livraient dans notre pays à des opérations géodésiques relatives à la jonction des Observatoires de Paris et de Greenwich, ils se firent accompagner par M. de Bréauté, qui accueillit les savants étrangers avec toute la distinction qu'ils méritaient. Le capitaine Sabine avait été le compagnon de voyage du célèbre amiral Parry, qui vient de mourir à Ems, le 8 juillet 1855. Il avait passé avec lui tout un hiver dans la fameuse baie de Baffin.

L'année 1821 me paraît avoir mis le sceau à la réputation de M. de Bréauté. En effet, c'est à partir de cette époque, et des observations faites cette année-là, que sa renommée pénétra dans tous les cabinets de l'Europe scientifique. C'est ainsi qu'en 1822, M. Brainder, professeur à Breslau, lui écrivit pour avoir de nouveaux renseignements sur ses observations barométriques du 25 décembre 1821, « dont on paraissait faire grand cas en Europe, » écrit M. de Bréauté lui-même, dans ses notes quotidiennes.

Aussi, en 1822, la Société de Géographie de Paris, s'empressa-t-elle d'associer M. de Bréauté à ses travaux.

Maintenant que son nom a franchi les frontières, il ne faut pas s'étonner de voir les savants et même les gouvernements étrangers lui adresser des félicitations et des hommages. C'est vers ce temps, en effet, qu'il reçut de l'amiral de La Vernorn, directeur-général du dépôt des Cartes marines de Copenhague, plusieurs exemplaires de ses *Éphémérides danoises,* avec une lettre flatteuse pleine de compliments sur son zèle à propager dans la marine les bons ouvrages et les bonnes méthodes d'observation.

En 1821, un élève de Saussure, Marc-Auguste Pictet, de Genève, lui adressa une lettre fort aimable, dans laquelle il le remerciait beaucoup de lui avoir communiqué sa série d'observations barométriques. En 1825, après la mort de M. Pictet, les rédacteurs de la *Bibliothèque universelle,* de Genève, écrivirent à M. de Bréauté pour l'engager à continuer avec eux une correspondance dont s'honorait pendant sa vie le savant fondateur de leur recueil.

Cette même année 1825, l'illustre M. de Humboldt citait comme faisant autorité « les observations barométriques de M. de Bréauté, pour la détermination des variations diurnes. » Il les plaçait sur la même ligne que les recherches des Kater, des Sabine et de Schumacher. Ces deux derniers physiciens étaient aussi les amis et les correspondants de M. de Bréauté.

Nous demanderons la permission d'indiquer rapidement les noms les plus éminents qui apparaissent soit dans sa correspondance scientifique, soit dans ses relations sociales. On y voit figurer MM. de Châteaubriand, de Beaurepaire, de Noailles, Arago, Bouvard, Gambey, Biot, de Humboldt, Bréguet père et fils, le voyageur Poucqueville, et les amiraux de Halgan, Duperré et de Freycinet.

Toutefois, nous choisirons parmi ses correspondants quelques noms qui doivent être distingués de tous les autres, et que M. de Bréauté lui-même regardait comme les points culminants de son existence scientifique.

De ce nombre fut le voyageur normand, J.-B. Lechevalier, l'auteur du *Voyage dans la Troade*, le compagnon de M. Choiseul-Gouffier dans son voyage en Grèce, celui-là même qui découvrit les tombeaux d'Ajax, d'Achille et de Protésilas. Cette liaison, qui commença vers 1820, dura jusqu'à la mort de M. Lechevalier, arrivée en 1835. M. de Bréauté fut si heureux de l'amitié de ce savant cosmopolite, qu'il écrivit à ce sujet la note suivante sur son journal :

« M. Lechevalier était un homme fort aimable et d'infiniment d'esprit, qui, après avoir parcouru toute l'Europe, était resté lié avec les personnages les plus marquants de la science et de la politique. C'est à lui, à ses conseils et à sa haute protection que j'ai dû une partie du bonheur de ma jeunesse. Pour prouver jusqu'à quel point il était considéré et respecté sur le globe, il me suffira de dire que les lettres de recommandation qu'il donna à MM. de Freycinet et Lamarche, lors de leur voyage autour du monde, leur furent plus utiles dans les relâches que les lettres mêmes des ambassadeurs étrangers. »

Mais celui de tous qui contribua le plus à l'activité et au développement scientifique de M. de Bréauté, fut le célèbre baron François de Zach, avec lequel il se lia d'amitié dès 1819.

« Au commencement de cette année, écrit-il lui-même, je reçus le premier numéro de la *Correspondance astronomique* que publiait ce savant. Ce recueil, qui a duré plusieurs années, est à coup sûr l'ouvrage qui contribua le plus à répandre en Europe le goût de la géographie et de l'astronomie. »

La première lettre que M. de Bréauté reçut du baron de Zach, venait de Gênes et était datée du 13 juin 1820. « C'est de ce moment, ajoute-t-il, que datent la haute protection et la vive bienveillance que cet érudit n'a cessé de me témoigner un seul instant depuis. C'est un de ceux dont j'ai reçu le plus d'encouragement pour mes faibles travaux astronomiques. »

En effet, c'est de ce moment que date pour lui-même une ère nouvelle. Aussi il a conservé du célèbre baron une curieuse collection de lettres autographes et la réunion entière de tous les articles du recueil qu'il faisait paraître sous le nom d'*Éphémérides astronomiques et géographiques*. Les travaux de M. de Bréauté trouvèrent souvent place dans cette publication, et ils y sont toujours dignement encadrés. L'œuvre passablement volumineuse du baron de Zach, puisqu'elle dura jusqu'à sa mort, arrivée à Paris en 1832, est une véritable encyclopédie.

Citons quelques traits d'amitié entre M. de Bréauté et lui.

Le 3 septembre 1820, le savant hongrois lui envoya un sextant de Troughton. Le 3 décembre 1821, M. de Bréauté adressait au zélé publiciste 18 pages d'observations que ce dernier s'empressa d'insérer dans le recueil dont il était fondateur. L'Observatoire de Paris ne vit pas d'un très-bon œil cette correspondance, et, immédiatement, il chercha querelle au jeune astronome français. Pour se consoler, M. de Bréauté s'empressa de raconter à M. de Zach et à M. Pictet toutes les dissensions scientifiques causées dans la capitale par l'arrivée du fameux zodiaque de Denderah.

En cette même année 1822, il soumit également ses observations astronomiques au célèbre Arago, qui était déjà l'œil de l'Europe. Sa correspondance avec cet illustre académicien avait commencé dès 1820. Ce fut celle qui eut pour lui le résultat le plus glorieux, puisqu'elle lui ouvrit plus tard les portes de l'Institut, ce sénat de la science en France, et peut-être au monde.

Ce ne fut, toutefois, qu'en 1838, le 17 novembre, qu'il fut élu par l'Académie des Sciences, comme son correspondant pour l'astronomie et la géographie, en remplacement de M. Bury, directeur de l'Observatoire impérial de Vienne. Ce fut M. Arago lui-même qui voulut avoir le plaisir de lui faire connaître sa nomination, et il le fit dans une lettre des plus gracieuses que M. de Bréauté se plaisait à citer comme son plus beau titre de gloire.

Il siégea pour la première fois le 1er juillet 1839, au sein de la docte assemblée, et, depuis cette époque, il lui adressa parfois des travaux. Nous regrettons de ne pouvoir les faire connaître ici, mais sur ce point le temps et les renseignemens nous ont manqué [1].

Au commencement de cette notice nous avons parlé du goût tout particulier et de la vive affection que M. de Bréauté éprouvait pour la marine. Cette passion du jeune âge ne le quitta jamais, et toute sa vie, sans devenir homme de mer, il chercha sans cesse à rendre service aux marins du commerce comme à ceux de l'État. Le port de Dieppe se rappellera long-temps le vif intérêt qu'il lui portait, et dans notre ville il n'est guère de marin, un peu distingué dans sa carrière, qui ne puisse citer une marque de la bienveillance de M. de Bréauté.

Le genre de service qu'il aima davantage à rendre à la marine, ce fut de la doter, autant qu'il lui fut possible, d'instrumens perfectionnés et d'une grande précision. Il chercha surtout à obtenir pour les instrumens de petite dimension les mêmes qualités et les mêmes garanties que présentent les plus grands et les plus coûteux.

« Son goût passionné pour la marine, nous écrit à ce sujet le témoin et le compagnon de ses travaux, lui faisait préférer les instruments à réflexion, et ceux qu'il possédait étaient la réunion de tout ce que nos artistes avaient pu produire de mieux, chacun dans leur spécialité et sans limitation de prix. Ils sont certainement les plus parfaits qui existent en France. »

[1] Le seul travail imprimé que nous connaissions de M. de Bréauté est un triple tableau inséré dans l'*Almanach-Indicateur de Dieppe*, édité en 1835 par M. Philippe Burgade, professeur d'hydrographie. En voici les titres : 1° *Tableau des Variations extrêmes observées au thermomètre centigrade à La Chapelle*, 149 mètres au-dessus de l'Océan, pendant les années écoulées de 1820 à 1832 ; — 2° *Tableau des Directions du Vent avec leur durée moyenne annuelle*, déduite de 15 années (1818 à 1832), d'observations faites à La Chapelle et de 21 années (1806 à 1826), à Paris ; — 3° *Tableau des Directions du Vent avec leur durée moyenne, mensuelle et trimestrielle*, déduite de 15 années (1818 à 1832), d'observations faites à La Chapelle.

C'était encore dans le désir d'être utile à la marine, en même temps qu'à son pays, que M. de Bréauté s'était fait le régulateur gratuit et volontaire de tous les chronomètres que produisait l'Alihermont, ce siége antique de l'horlogerie dans nos contrées. Il contribua ainsi au développement et à l'amélioration d'une industrie qui touche tout à la fois aux arts et aux sciences, et qui sert beaucoup à la marine et à l'astronomie. MM. Pons, Gannery et Dumas, de Saint-Nicolas-d'Alihermont trouvèrent toujours en lui un protecteur éclairé et un véritable bienfaiteur.

Parmi les actes de sa vie qui ont le plus directement trait à la marine, nous nous contenterons de citer les suivants :

Vers 1826, il s'est occupé de rédiger d'une façon scientifique le voyage que venait de faire le capitaine Guédon, de Dieppe, à la pêche de la baleine. Il adressa cette relation au ministre de la marine qui la fit imprimer, et lui en envoya vingt exemplaires. Malheureusement, le capitaine Guédon fut un des derniers Dieppois qui se livrèrent ici aux grandes pêches du Nord. L'État doit regretter maintenant cette décadence de l'industrie baleinière, la meilleure pépinière de marins pour ses flottes.

Dès 1822, le gouvernement avait envoyé à M. de Bréauté une médaille de bronze, pour le remercier d'avoir bien voulu faire avec précision le calcul du voyage du capitaine Duperré, autour du monde, sur la corvette *la Coquille*.

C'était aussi pour reconnaître toutes les peines qu'il s'était données en faveur de la marine française, que l'amiral Halgan, après l'avoir accueilli de la manière la plus flatteuse, lui accorda la permission indéfinie d'entrer à toute heure au ministère de la marine. Le contre-amiral du Rosel lui accorda une latitude analogue pour le Dépôt des Cartes de la marine.

Enfin, comme dernier hommage rendu à ses connaissances spéciales, M. Duperré lui envoie, en 1826, tous les documents nécessaires pour calculer l'éclipse de soleil observée au *Port-Praslin*, par Bougainville; M. Duperré voulait faire de ce port un point de départ important pour les longitudes du grand voyage qu'il méditait. Pas n'est besoin d'ajouter qu'en toute circonstance, M. de Bréauté répondit dignement à la confiance qu'on lui témoignait, et que les hommes les plus distingués de la marine n'eurent jamais à se repentir d'avoir fait appel à son savoir et à sa bonne volonté.

Mais la plus belle œuvre maritime de M. de Bréauté, ce fut

M. Jules de Blosseville. C'est à ses conseils, à son influence, à sa protection, à ses encouragements, que la France doit la courte, mais brillante carrière de ce marin hardi et infortuné, dont le nom est allé grossir la pléiade, déjà trop nombreuse, des Lapeyrouse, des Bellot, des Cook et des John Francklin. Il faut lire, dans la vie de ce jeune et déjà célèbre navigateur, publiée récemment par le comte Ernest de Blosseville, son frère [1], toutes les lettres amicales et dévouées qu'échangèrent entre eux ces deux hommes si bien faits pour se connaître, se comprendre et s'aimer. Ce fut en retour de cette paternité cordiale et scientifique, que le commandant de la *Lilloise* donna à l'une des terres du Groënland, découverte par lui en 1833, le nom de *Presqu'île-Bréauté*. C'est ainsi que se perpétue sur la terre le souvenir des hommes de bien.

A présent, laissons la mer et montrons l'homme des champs. Malheureusement, sous le rapport agronomique, il ne fut donné à M. de Bréauté d'exercer une influence décisive que quelques années seulement; mais, pendant ce court espace, il se livra de tout cœur à l'agriculture, le plus ancien et le plus utile de tous les arts. Maître de sa fortune à l'âge de 32 ans, par la mort de son père, arrivée en 1847, il n'en jouit que huit années, au grand détriment du pays tout entier : toutefois ce furent des années pleines et bien employées.

Dès 1848, année de chômage forcé, il dépensa plus de 100,000 fr. en travaux des champs. Dans cette crise sociale où les petits eurent tant à souffrir, il se fit un devoir d'employer tous les ouvriers des villages où il avait des propriétés. Il devint ainsi la providence visible du pays. Apprenant cette noble conduite, la Société d'Agriculture de la Seine-Inférieure s'empressa d'enrôler M. de Bréauté parmi ses membres, et elle le fit en séance publique, solennelle et par acclamation unanime. M. de Bréauté, présent à la séance, ne se doutait pas qu'on lui ménageait une véritable ovation populaire. Aussi cette scène alla jusqu'à son cœur, et il n'en parlait jamais qu'avec émotion et presque les larmes aux yeux. Il appelait cette journée la plus belle de sa vie.

Depuis ce temps, les années ne firent qu'ajouter à ses succès. En 1851, il obtint deux médailles, l'une *pour les fumiers*, l'autre *pour la culture des betteraves;* en 1852, deux médailles lui furent encore décernées, la première *pour instruments*

---

[1] *Jules de Blosseville*, par M. E. de Blosseville, in-8° de 193 pages, Évreux, Hérissey, 1854. *Passim.*

aratoires perfectionnés, la seconde *pour mélange de fourrages verts.*

Nous ne devons pas omettre que, depuis quinze ans au moins, il était membre de l'*Association normande,* dont le but principal est la propagation des bonnes méthodes de culture. Au moment de sa mort, il était un des inspecteurs que cette Société compte dans l'arrondissement de Dieppe.

En 1853, lors de la création du *Comice agricole de l'arrondissement de Dieppe,* il fut universellement désigné par ses collègues pour être le président de la Société naissante. Son nom seul devenait un drapeau et un gage de succès. Il ne l'a dirigé que deux années, et son dernier acte fut un acte de bienfaisance.

En 1854, après le concours, S. M. l'Empereur avait envoyé une médaille d'or pour être décernée au *plus vieux domestique de ferme.* Afin de reconnaître et d'honorer dignement cette attention du souverain, M. de Bréauté et M. Reiset se firent un devoir d'ajouter une seconde médaille pour *la plus ancienne servante,* montrant ainsi au chef de l'État qu'une belle action n'est jamais perdue et que le bon exemple porte toujours ses fruits :

« Regis ad exemplar totus componitur orbis. »

Venons maintenant à sa carrière politique : elle fut courte et très-secondaire. Long-temps, et sous tous les régimes, la ville de Dieppe voulut le choisir pour son député. Ce rôle convenait à son noble cœur et à son active intelligence; mais son père s'opposa constamment à sa candidature. Pressé par l'opinion publique, il ne lui permit que de siéger dans les conseils du département. En 1833, il fut élu conseiller de l'arrondissement de Dieppe, pour le canton de Longueville, et le 10 décembre 1836, la ville de Dieppe elle-même l'envoya comme son représentant au conseil général de la Seine-Inférieure. Il y resta jusqu'en 1845, puis il y revint en 1848 pour ne le plus quitter qu'à sa mort.

Dans ce sénat de notre province où il siégea quinze ans, M. de Bréauté exerça toujours une légitime influence due à ses lumières et à sa haute position sociale. Il y avait conquis l'estime et l'affection de tous ses collègues sans distinction. Les intérêts de la ville de Dieppe et ceux de son arrondissement n'avaient point et ils n'auront jamais de défenseur plus zélé, de représentant plus actif. Dans le cours des sessions, toujours laborieuses, toujours chargées par les intérêts d'un grand département, M. de Bréauté parlait peu, mais il écrivait beaucoup. Les archives du conseil gardent de lui d'excellents rapports sur toutes sortes de matières. Cependant les sujets que l'on se plaisait le plus à renvoyer à ses connaissances spéciales étaient les questions relatives à la marine et à la navigation, aux pêches et aux travaux des ports. Il faut dire aussi qu'il traitait ces matières avec une véritable supériorité.

C'est évidemment en reconnaissance de tous les services rendus au département, qu'aux deux premières séances de la session de 1855, M. Leroy, préfet, et M. H. Barbet, président du conseil général, ont rendu publiquement à la mémoire de M. de Bréauté un hommage flatteur et bien mérité.

Après tout ce que nous venons de dire, on ne sera pas étonné d'apprendre que la plupart des grands personnages qui ont fait à Dieppe un séjour quelque peu prolongé, ont tous accueilli M. de Bréauté avec une bienveillance marquée, ou bien ont visité, dans son château de La Chapelle, ce type du gentilhomme français.

En 1824, il fut traité avec une faveur toute particulière par Mme la duchesse de Berry, qui, dans ses promenades en mer, le faisait embarquer avec elle sur un navire de l'État, en compagnie de M. Chabanon, commissaire général de la marine, et M. de Péronne, lieutenant de vaisseau, qui commandait la station navale de Dieppe pendant le séjour de la princesse.

En 1853, ce fut mieux encore. LL. MM. l'Empereur et l'Impératrice des Français étaient à Dieppe depuis dix jours, lorsque le 30 août, dans une de leurs promenades à travers les campagnes de notre arrondissement, ils allèrent demander au châtelain de La Chapelle une hospitalité de quelques heures. M. de Bréauté, flatté de cette faveur inattendue, accueillit en vrai gentilhomme les hôtes illustres qui honoraient sa demeure. Il les conduisit avec bonheur sous les hêtres séculaires et touffus, dont les longues avenues plantées par ses ancêtres font du manoir de La Chapelle une des plus belles terres du pays de Caux.

Maintenant il nous reste encore à montrer dans M. de Bréauté un côté sans lequel il serait trop incomplet à nos yeux et à ceux de ses amis ; nous voulons parler de sa qualité d'infirmier et de médecin des pauvres. Tous ceux qui ont visité son hospitalière demeure, et le nombre en est grand, savent qu'il avait chez lui, dans un appartement voisin de son cabinet de travail, une petite pharmacie pour les pauvres de sa commune et des environs. Chacun était toujours bien venu à y réclamer des conseils, des remèdes et du linge pour les pansements. M. de Bréauté était le bon Samaritain en permanence. Trop long-temps peut-être il a cru à la *Médecine Raspail,* mais, de sa part, ce fût l'erreur d'un bon cœur.

Tout ce que ne contenait pas sa pharmacie domestique ne manquait point pour cela aux pauvres ; avec le zèle le plus louable, il s'empressait de le leur procurer ailleurs. Il avait pris pour cet effet ses mesures. Les ordonnances des médecins, délivrées aux pauvres de La Chapelle, passaient par les mains du châtelain qui les contresignait comme des lettres de change personnelles à escompter chez son pharmacien.

Non content de cela, il allait lui-même panser à domicile les plaies et les blessures. « Je l'ai vu souvent remplir ce pieux ministère d'infirmier des pauvres, » m'écrit le bon curé de sa paroisse. Faut-il s'étonner après cela si plus de douze cents personnes ont suivi son convoi funèbre. Malgré la rigueur de l'hiver le pays tout entier lui a fait cortège, et personne n'a voulu laisser aller seul à sa demeure dernière ce vieil ami de soixante ans. De lui aussi l'on peut dire que sa mort fut un deuil public, parce que sa vie avait été un long bienfait. Pour lui la journée la plus heureuse n'était pas celle où il avait reconnu un nouvel astre dans le ciel, mais bien celle où il avait découvert un pauvre inconnu sur la terre, ou soulagé dans ce bas-monde une infortune nouvelle. C'est là ce qui doit nous faire beaucoup espérer pour lui devant Dieu, car ce Créateur des Mondes ne nous demandera pas ce que nous avons écrit, mais ce que nous avons fait, et dans la juste balance de ce Législateur des Cieux, un grain de blé pèsera plus que la découverte d'un monde.

Ce fut le 3 février 1855 que M. de Bréauté rendit son âme à Dieu son Créateur, entouré de tous les secours de la religion catholique dans laquelle il était né et avait toujours vécu. Trois jours après il fut inhumé auprès de son père et de sa mère, autour de cette modeste église de La Chapelle qu'ils avaient en grande partie reconstruite à leurs frais en 1827, et presque entièrement entretenue depuis.

M. de Bréauté laisse dans son château de La Chapelle une des plus belles bibliothèques de ce département. Au point de vue scientifique, elle est à peu près unique parmi nous. Elle est pour la géographie et l'astronomie ce que la bibliothèque du marquis Lever, à Roquefort, est pour l'histoire et l'archéologie. Mme de Cossette, nièce du marquis Lever, garde entière, avec un religieux respect, la bibliothèque de son savant oncle. Nous ne doutons pas que Mme de Bréauté n'apporte le même scrupule et le même respect dans la conservation de la bibliothèque de son digne époux [1].

La maison de M. de Bréauté fut pendant sa vie un des ornements et une des richesses de la contrée. Outre qu'elle était le rendez-vous de tous les hommes instruits, elle était de plus un véritable sanctuaire de toutes les connaissances humaines. Là, en effet, on trouvait réunis tous les instruments de la science.

Les châteaux normands du moyen-âge nous apparaissent encore dans les livres comme dans leurs débris, tout bardés de fer et hérissés de pierres, couronnés de créneaux, bosselés de tours et de contre-forts, percés d'archières, de machicoulis et de meurtrières. Le château de La Chapelle, au contraire, n'est entouré que d'une ceinture de hêtres verdoyants, les amis du pays de Caux ; il ne se couronne que de pluviomètres et de roses des vents ; il n'a d'autres corps-avancés que des ménageries ou des observatoires, et les seules saillies qui hérissent les angles et les faces de ses murailles hospitalières sont des baromètres, des thermomètres et des chronomètres toujours disposés pour faire à toute heure du jour et de la nuit, l'*observation solaire ou météorologique*. Car dans ce noble manoir on veillait aussi le jour et la nuit, mais ce n'était plus comme autrefois, à main armée, ni pour repousser des soldats ennemis ; c'était tout simplement pour *lire aux astres,* pour observer les météores et pour surprendre dans les cieux les lois de la Création et les révolutions des Mondes. Le château féodal ne vivait que de guerre, il n'était fait que pour elle ; il ne pouvait briller dans ce monde que par le bruit, le sang, le fer et le feu. Le château de M. de Bréauté, au contraire, était le temple de l'hospitalité et de la charité, le sanctuaire de la science et des arts, plantes délicates, ornements de la terre, qui ne fleurissent jamais mieux qu'à l'ombre de l'olivier de la paix. On peut voir ici, en deux mots, la différence des âges et du génie des hommes.

[1] Mme de Bréauté, née Adélaïde-Marie-Alexandrine de Beaunay, appartient par sa naissance à l'une des plus anciennes et des plus honorables familles du pays de Caux. Elle épousa M. de Bréauté en 1813. De cette alliance, qui fut constamment heureuse, est issu un fils, M. Gaston de Bréauté, qui se fera sans doute un devoir de remplacer, pour le pays, son honorable père.

Milton Keynes UK
Ingram Content Group UK Ltd.
UKHW02082825022
438379UK00009B/1115